KB189329

태양에는 밤이 깃들지 않는다

자현 스님 산중일기

버티기만 하는
삶을 일깨우는,
여름

바랑에 짊어진
어느 수행자의 독백,

가을

눈길 따라 문득
산사를 찾은 손님,

겨울

태양에는
밤이 깃들지 않는다.

인간은 누구나
자유를 갈망하기 마련이다.
이 자유에 대한 갈망의 끝에서
우리는 진리와 마주하게 된다.
진리만이,
우리를 자유롭고
행복하게 하는
황금 꽃의 열쇠이기 때문이다.

진리는 잠긴 적 없는 문을 열어,
모든 곳으로 툭 터진
대자유의 황홀경에 이르게 한다.
바람과 허공 같은
걸림 없고 거침 없는 완전한 해방.
이런 자유에 대한 갈망이
진리에 고스란히 녹아 있다.

어린 시절부터
사유를 닦으며 사상가를 꿈꿨다.
이제 내가 그린
기억의 단상을
여러분에게 내보이며,
진리와 자유에 대한 추구를
공유해 보고자 한다.

이제 나의 일이 아닌
당신의 일로서,
영원의 자유가 함께하기를
붓다의 발밑에서 희구해 본다.

모든 이의 행복이
내일의 태양처럼 반드시 떠오르고
미망의 어둠은 사라지리니,
우리는 그 속에서 영원히 평안하리라.

한밤의 태양을 마주하며,
오대산에서 일우 자현 씀

다시 깨어나는 존재를

봄

일부는 잔설이 남았는데,

봄볕은 매양 밝기만 하다.

그 밝음에 화답하여

산록 또한 마냥 싱그럽다.

오래된 고목도

새 빛에 반응해서

연록으로 깨어나는데,

인간이 어찌 봄을 맞아

새 빛이 없을 수 있겠는가!

오직 새롭고

새롭기를 바랄 뿐이니,

이것이 바로 삶의 꿈,

존재의 춤인 것이다.

초봄 단상

봄은 왔으나
겨울은 가지 않았고,
사람은 갔으나
인연은 끝나지 않았다.

흘러가는 바람에
그리움을 실어 보냄은
가도 가지 않음을
추모하는 정 때문이다.

오지 않았다면
가는 일도 없었을 것이니,
아프다 말하지 마라.
이별이란,
아쉬움을 남길 뿐이나니….

잠룡潛龍 날다

우리 주변에는 너무나 오래 가물어
승천昇天의 뜻을 잊은 채
못내 스러져 가는 용龍이 있다.
때론 잉어의 단꿈에 타협하고,
가물치에게 비웃음당하면서,
미운 오리 취급을 당하는 그런 용이 있다.

용이라는 자각마저 희미해질 때
폭포 같은 비가 내리치면,
우렁찬 천둥과 섬광의 벼락 속에서
용은 비로소 깊은 잠에서 깨어난다.

못내 슬픈 자신이 자각을 통해
스스로의 허물을 내던지던 그날.
용은 비로소 땅을 박차고 비상해
승천이라는 오랜 염원을 이룩한다.

슬픔의 그림자가 맺히지 못하는
영원의 행복과 평안 속으로
용은 날개 없이 날아서 간다.

청춘의 낭만

뜻이 유원悠遠한 사람은
작은 일에 흔들리지 않는다.
좌우를 살핀다는 것은
목적이 명료하지 못하기 때문.
그러므로 정면을 주시하고
앞으로, 앞으로 내달려라.

낭만을 좇고 꿈을 꾸는 것은
청춘만이 누릴 수 있는 자유.
오늘 주어진 것을 즐김으로써
내일의 후회라는 발자국을 쓸어 버려라.
그렇게 그늘이 드리우지 않는
언제나의 오늘을 만들어라.

주인공을 그려라

생각이 맑은 것보다는
정돈된 것이 좋다.
감정에 동요되지 않는 것보다는
적절하게 흔들리는 것이 옳다.

미리 무엇을 상정하지 말고
변화하는 세상을 즐겨라.
잘못과 오류를 저지른다는 것은
죄가 아니라 단지 해프닝일 뿐이다.

그러므로 두려워하지 말고
너의 인생을 마음껏 그려 보라.

우주는 춤이 된다

즐길 수 있을 때를 즐겨라.
어떤 목표를 완수하고서
그 결과로써 즐기려는 것은
즐긴다는 것이 무엇인지조차 모르는 것이다.

즐긴다는 것은
지금을 벗어나서는 안 된다.
그러다 보면
삶은 그 자체로 노래가 되고,
우주는 그 자체로 춤이 된다.

현재의 행복

사람들은 어제보다 '나은' 오늘을,
오늘보다 '나은' 내일을 살기 위해
노력합니다.
그러나 이러한 미래로의 질주가
무한한 허덕임과 깊은 좌절을 파생한다는 점은
생각하지 않는 것 같습니다.

삶의 매 순간은 일회성입니다.
그러므로 '나은'의 개념은 존재할 수 없습니다.
'나은'의 목적이 행복이라면,
왜 지금 행복하지 않고
오지 않은 미래의 행복만을
추구하고 있는 것인가요?

내 것이 아닌 것은 허상일 뿐

밖에서 온 것은
반드시 변화하기 마련입니다.
그것이 설령 무더위라는 자연의 조건이고,
잘 유지될 것 같은 건강이라도 말이지요.

바뀌지 않는 것은 오직 안에 있을 뿐이니,
이것을 정조준하며
행복으로 나아가야 합니다.
이것이 우리 삶의
올바르고도 유일한 좌표입니다.

존재의 행복

행복이란,
소유의 문제를 넘어선
존재의 문제라는 것에 집중하십시오.
소유란,
처음에는 만족을 주지만
결국에는 허덕임으로 남게 될 뿐입니다.
이 점을 이해하고 명심하십시오.

여러분의 행복이 가질 수 없는 것이라면,
때로 놓아 버림으로써 행복해집니다.
쥐는 자의 행복과 놓는 이의 행복은
정반대에 놓여 있지만,
두 가지는 모두
동일한 행복으로 관통되어 있다는 점을
자각하시기 바랍니다.

직선보다 더 곧은 직선

뚜렷한 목적이 정립되지 않으면
분명한 그림을 그릴 수 없습니다.
그처럼 진정으로 원하는 것을 고요히 관조觀照해
삶의 목적을 분명히 하십시오.
그래야만 흔들림 없이 곧장 나아갈 수 있습니다.
그리고 그 끝에서 우리는
이제껏 걸어 온 길보다 더 곧은 길을
마주할 수 있게 될 것입니다.

진정한 자유란

인간은 누구나 자유를 갈망한다.
그러나 자유란,
태생적으로 속박과 함께하는 가치이다.
마치 어둠이 있기에 빛을 볼 수 있듯이.

그러므로
벗어나려는 마음으로부터 자유로운 것,
이것이야말로 진정한 자유가 된다.
버려서 얻는 것이 아니라, 버릴 것이 없는 것.
이것이 바로 참자유이기 때문이다.

오직 주인 되는 삶

사람들은 종종
관계성의 우위에서 뜻을 펼치는 데
행복이 있다고 생각한다.
그러나 그것은
'나'의 방종에 휘둘리는 것일 뿐.
진정한 평안이란,
오직 내가 나의 주인이 되어
독존함에 깃드는 것이다.

신록이 좋다

나는 녹음綠陰보다 신록新綠이 좋다.
짙푸름이 아닌 수줍은 연두색의
부드럽지만 발전적인 강력한 에너지.

이것이야말로 『주역』에서 말하는
생생지덕生生之德의 생기로서,
다산 『목민심서』의
천 리를 유행하는
위대한 조화의 기운이 아니겠는가!

나는 이 봄
신록을 타고서
천지를 소요하리라.

신선이 미치지 못하는 곳

산그늘 깊은 곳에
높은 베개를 두고,
느긋이 누워
허공을 젓노라면
산빛은 온통
그대로가 하늘빛이라네.

끝간 데 없는 푸름 따라
정신을 소요하면,
신선도 미치지 못하는 곳.
그 고즈넉함 속에
천고의 향취가 가득하다.

세상은 이기는 곳이 아닌
따르는 군상임을 안다면,
해탈도 부질없는
군더더기일 뿐임이 아닐런지.
그 신묘한 조화 속을
나는 오늘도 서성여 본다.

생명의 언어

인생에서 때론
진정 힘이 되는 위로가 필요한 순간이 있다.
이때의 따듯한 말은
듣는 이에게 뇌성과 같은 강한 울림이 되곤 한다.

봄바람 같은 온화한 따스함이
코끝을 휘감는, 부드럽지만 강한 위로.
이것은 사람을 살리는
가장 위대한 생명의 언어이다.

말이 세상을 바꾸지는 않지만,
사람의 마음을 움직일 수 있다는 점.
이것이 언어가 지닌
가장 아름다운 기능 아닐까?

우리 모두 주위를 돌아보며,
부드러운 청량함을 언어에 실어
삶과 인생에 투영해 보자.
그것이 나와 내 가족을 넘어
모든 존재가 춤출 수 있도록
그렇게 영원으로 외쳐 보자.

슬픔이 맺히지 않는 삶

슬픔은 멀리 있지 않나니,
아낌없이 베풀어서
후회할 일을 만들지 마라.
자칫 실족하면
서로 어긋나 오해만을 남기나니,
분명히 표현하고 아프게 맺지는 말지어다.

늙음은 어둠처럼 가만히 다가와
우리의 삶을 깊이 저미며,
고뇌의 나락으로 빠트리는 법.
순간에 최선을 다하고
주어진 인연에 감사하며
덧없는 높은 곳을 탐하지 마라.

행복은 그 사잇길에 있음이니,
높이 나는 새를 부러워하지 말고
주어진 상황에 언제나 감사할지어다.

물의 진정한 덕

세상을 따라 어떠한 다툼도 없이
낮은 곳으로 흐르는 물을
노자는 크게 찬탄했다.
그러고 보면 물은 낮게 흐르지만
증발하면 가장 높은 자유를 얻는다.
그런데 교만해서 몸집을 불리면
다시 가장 낮은 곳으로 흐르게 된다.
그렇지만 물은 불만이 없다.
바로 이 부분이
물의 진정한 덕이리라.

기도가 필요한 순간

눈에 아주 작은 무언가가 들어가면,
보이지 않는 이물감이 느껴지곤 한다.
보이지는 않는데, 거슬리기는 하고,
그렇다고 딱히 방법도 없는 바로 그런 것.

삶에도 이런 이물감이 있을 때가 있다.
큰 사건까지는 아닌데,
딱히 해결책이 있는 것도 아닌….
이런 때 필요한 게 기도 아니겠는가?
기도를 통해서 마음이 안정되면
소소한 문제들은 스스로 정리되어
사라지기 때문이다.

그대로가 하늘

숲속에 가만히 앉아서
사유의 일상을 소요하면,
존재는 그대로 자연이 된다.
거대한 평온이 주는 숨결은
인간 역시 자연임을
소리 없이 역설해 주는 듯하다.

고개를 숙이면 들꽃이 속삭이고,
시선을 높이면
구름 없는 하늘은
그대로가 그저 무변無邊일 뿐이다.
푸르른 정취에 취하다 보면
적선 이태백과 조우하는 듯,
세상은 뜻을 잃어 한가롭기만 하다.

당신이라는 거인

안개구름 뒤덮인 졸박한 곳에
태곳적 영기를 가진 한 거인이 있다.
스스로를 드러내지 않지만
결코 잊히지 않으며,
딱히 애쓰지 않아도
모든 것이 맞춤한 그런 위인.
천하와 다투지 않아도
세상은 그로써 바루어지고,
우주는 그를 통해 돌아간다.
그게 바로 기억을 잃기 전, 바로 당신이다.

정직의 애씀에는
양보란 있을 수 없다

첫날 첫 마음을 잘 쓴 사람만이
둘째 날을 따뜻하게 맞을 수 있다.
처음이 바르지 못하면
노력할수록 더 굽어질 뿐이니,
오직 바름을 위해서 애쓸 뿐
빠른 성취에 허덕일 필요는 없다.
바름만이 있다면
세상이 나를 위해서 이루어 주지만,
삿된 계교라면
하늘을 속여도 결국은 무너지리니,
정직의 애씀에는
결코 양보함이 있을 수 없다.

일체의 판단을 버려라

좋은 것은
쉽게 사라지는 듯하고,
싫은 것은
가혹하게 오래가곤 한다.

이게 터널이라면
실은 같은 거리일 뿐이지만,
깊은 여운과
떨침에 대한 강한 욕망 때문이리라.

일체의 판단을 버리고
빈 배처럼 갈 수 있는 이, 어디에 있는가?
지금의 당신이 그렇지 않다면,
찾아도 영원히 만날 날은 없으리라.

인생에서 중요한 것

인생은
빠른 것이 중요한 게 아니라,
늦지 않는 것이 중요하다.
또
강한 것이 중요한 것이 아니라,
유연한 것이 중요하다.

몸이 유연함으로
끝없는 생기를 보존하고,
정신이 유연하므로
언제나 자유로움을 함유한다.
그리고 그렇게
허덕이지 않고 여유롭게
행복에 늦지 않는 것,
이것이 참다운 사람의
올바른 발걸음이다.

하찮은 자의 자유

그대여!
무언가 남과 다른
특별한 사람이 되려 하지 말고,
하찮은 사람의 자유를 관조하라.

하찮음은 낮고 천하지만,
그만큼 구속되지 않는 여유가 있다.
이는 하찮음만이 누릴 수 있는
진정한 삶의 춤, 낭만이다.

하찮음에 소요하며
하찮음을 관통해 나간다면,
붓다도 부럽지 않다.
아니, 그것은
깨침보다 소중한 하찮음이며,
붓다를 넘어서는 하찮음이다.

그대여!
하찮음을 부끄러워하지 말고,
언제나 하찮음을 즐겨라.
붓다와도 바꾸지 않을
진실함이 바로 그 속에 있으므로.

산사일기

비 개인 후 피어나는 산안개는
산사를 몽환으로 인도한다.
용이 꿈틀거리듯,
신선이 천둔검법을 익히듯,
휘몰아쳐 일어나는 기상이
자못 신비롭기 그지없다.
그러나 물바람 걷히면
산빛은 다시금 녹빛일 뿐이나니,
모든 꿈은 산바람 속에서 잔다.

버티기만 하는 삶을 일깨우는

여름

인생은 따듯한 것이 좋지만,

여름 바람은 쓸쓸한 것이 제격이다.

진록빛 숲을 거쳐

청량한 소슬함을 머금은 산바람은

그늘 속에 몸을 누인 나그네의

고요한 생각마저 잊게 한다.

녹빛 바람은 귓가를 스치며,

'평안함도 쓸모없다네'라고

반복해서 말하고 있다.

나는 그 소리의 최면 속에

조용히 눈 감으며,

존재를 잊어 본다.

열정의 삶

열정熱情이 없는 사람은 살아도 죽은 사람이다.

열정이란
나이나 지식, 갖고 태어난 조건과 무관한
행복에 대한 욕구,
즐거운 삶에 대한 추구다.
사람으로서 열정이 없다면,
쓸데없이 나이 먹고 오래 살기만 하는 존재,
정체된 인간일 뿐이다.

열정 없는 사람에게는
죽지 못해 사는 이들에게서만 느껴지는
슬픔이 있다.
죽음만도 못한 비극의 서글픈 여운이다.

그런 삶이 되고 싶지 않다면
지금 당장 열정을 불태워라.
활활 타오르는 불길에는
어두운 그림자가 맺히지 못하는 법.
그렇게 여운 없는 삶을 살다가
업業이 따르지 못하는 세계로 갈지어다.

다시 돌아오지 않을 시간

그대여!
다시 돌아오지 않을 젊음을
미친 듯이 즐겨라.

경험을 쌓고,
도전과 실수를 범하는 것 또한
즐거움으로 승화시켜라.
이때가 아니면
언제 또다시 이런 기회가 찾아오겠는가!

노력으로 점철된 현재는
미래에도 즐거운 기억으로 회상되는 법.
결과를 위한 인고忍苦로
자신을 가두어 묶지 마라.

그것은 결국
비극의 꽃으로 남는 길이므로.

청춘의 기상

청춘이여!
만 권의 책을 읽고,
만 리를 여행하라!

미지의 세상으로 한없이 나를 던져라.
지적 낭만과 길 위의 사나움 속에서
우리는 폭류와 같은 감성과 마주하게 된다.

부서지더라도 도전하는 것이
청춘의 기상이나니,
조금이라도 주저함이 있다면
청춘은 이미 기운 것이다.

나의, 나에 대한 투쟁

만약 피 끓는 청춘의 붉은 영혼을 가졌다면,
지금 당장 나를 향한 투쟁에 나서라.

아직 손에 쥐어지지 않은 영원한 자유를 위해
주먹을 불끈 쥐고 일어나
당차게 세상을 마주하라.

평안의 미소는
투쟁하는 정신에만 깃드는 것.
나태를 허용하는 관용을 버리고
주저 없이 부서짐을 선택하라.

지금 당장….

오직 나에게서 구하라

인생이 서글플 때,
함께 있음을 구하지 마라.
사람과 물건을 통한 해소는
문제를 반복, 환원시킬 뿐이다.

언제나 정면을 주시하고
내면의 홀로 있음 속에서 문제와 마주하며
곧장 관통하라.

내가 아닌 모든 가치들은
나의 완성을 가로막는 적일 수 있음을 명심하고
오직 스스로에게서만 구할지어다.

미친 듯이 즐겨라

우리 삶은 언제나
새날인 동시에 마지막 날이다.
매 순간 새로움이자 끝이다.

언제나 즐겁고 행복하게
다시 오지 않을 인생을 미친 듯 즐겨라.
굳이 최선일 필요는 없다.
매 순간 새롭고 매일이 처음이자 끝이라면,
망치는 한이 있더라도
언제나 최선이기 때문이다.

조금도 후회할 일을 남기지 말고
생각나는 대로 질러라.
눈치 보며 낭비할 인생은 없다.
오늘은 오늘에 묻으면 그만인 것.
내일은 항상 내일의 태양이 떠오르지 않는가!

안 되면 또 다른 일을 하면 그만이다.
행복은 한순간도 양보할 수 없는 것.
너의 감각과 선택을 믿고 미친 듯 질주하라.
넘어지면 일어나고,
더럽혀지면 씻으면 그만이다.

주변인을 의식하며 낭비하는 인생이
가장 비극적이다.
나의 주인은 언제나 나이니
폭풍 같은 행보로 행복하고
폭류 같은 흐름으로 즐거워라.
광폭한 행복에 너를 가두고,
죽음마저 비웃을 수 있는
후회 없는 대자유인이 되라.

공자의 회한과 붓다의 떳떳함

피곤한 삶이라지만
그렇다고 가치가 없는 것은 아니다.

공자의 마침표에는 원망이 있다.
그러나 붓다의 마침표에는 끝나지 않은,
나의, 나에 대한 투쟁이 있다.
그렇기 때문에 나는 공자보다 붓다를 사랑한다.

공자는 병이 깊자
찾아온 제자 자공에게
다음과 같이 말한다.

"태산이 무너지려나!
대들보가 부러지려나!
철인哲人이 시들려나!
천하에 도가 없어진 지 오랜지라,
아무도 나를 인정해 주는 이가 없구나.
어젯밤 나는
은나라 식으로 제사 받는 꿈을 꾸었다.

아마도 나의 선조가
은나라 사람이기 때문일 것이다."

공자는 그 후 7일 만에 세상을 떠났고,
노나라 성 북쪽 사수泗水 가에 묻혔다.
현재의 곡부 공림이 있는 곳이다.

붓다는 입멸 3개월 전에
시자인 아난에게
다음과 같이 말한다.

"나는 이제 여든 살, 늙고 쇠하였구나.
마치 낡은 수레가 가죽끈에 의지해 굴러가듯,
나 또한 가죽끈에 묶여
간신히 굴러가고 있구나.
아난다여!
자신을 등불 삼고 자신을 귀의처로 삼아라.
다른 사람을 귀의처로 삼아서는 안 된다."

언제나 행복하라

슬픔을 자각할 수 있다면,
아직은 덜 슬픈 것이다.
더 큰 슬픔은 비극을 비극으로 인지하지 못하는
덤덤함과 무기력함이다.

비극을 자각하라!
그리고 나에게 남은 시간이
얼마 되지 않음을 이해하라.
또한 나에게 주어진 시간을 즐겨라!
어떻게든 행복하고, 어떻게든 즐거우라.
이것이야말로 우리에게 주어진
가장 존엄한 명령이다.

언제나 모든 곳에서
이 명령을 일깨우고 각성할지어다.
행복은 그 어떤 상황에서도
양보의 대상이 될 수 없기 때문이다.

치열한 열정

'치열'.
그것은 삶에서
가장 아름답고 숭고한 단어가 아닐까?

강한 열정으로 미래를 향해
탄환처럼 솟구쳐 올라
죽음이 오는 것도 괘념치 않는 것.
이것이야말로
인간이 행할 수 있는 가장 장엄한 아름다움이다.

치열한 열정이 없는 이는
생을 말할 자격이 없다.
그는 숨을 쉬고 있어도
이미 죽은 시체이기 때문이다.

현재를 유희하라

살아서 놀고, 놀 수 있음을 즐겨라.

경건과 절제가 미덕이라는 것은,
민중을 쉽게 부리기 위한
성인聖人들의 속임수다.
죽은 뒤에 천국에서 즐기라는 것은
종교의 공수표일 뿐이다.

체력體力이 유희력遊戱力이다.
건강을 위해서 노력하며,
자신의 구현을 위해,
그리고 행복과 만족을 위해,
그렇게 나아가고 또 나아가라.

오늘을 즐긴 사람은
당장 죽어도 여한이 없다.
공자는 "아침에 도를 들으면
저녁에 죽어도 좋다"라고 했지만,
지금 잘 논 사람은
이 순간에 죽어도 그저 좋을 뿐이다.
이 경지야말로 공자보다도 수승한
존재의 유희를 아는 자의 경계이다.

내면의 빛

인생에서 슬픔을 말하지 마라.
슬픔의 끝을 타고서
아픔의 선율이 깃들기 때문이다.
힘들어도 참고 떳떳함을 생각하며
나의 존재 가치가
세상의 좌표가 될 수 있도록 노력하라.

나의 반딧불은 비록 작지만
빛나는 노력을 아끼지 않기 때문에
그 속에 아름다움이 맺히는 것이다.
나는 반딧불이 태양이 될 것이라고
생각하지 않는다.
그저 스스로의 일로써
나의 존재 가치를 위해
잔잔한 빛을 선사할 뿐이다.
나의 빛은 언제나 어둠에 묻힐 수 없는
고요한 미소가 된다.

가장 젊은 오늘을 살아 보자

젊은 생각을 가지고
젊게 꾸밀 수는 있어도
실제로 젊어질 수는 없다.

제아무리 두껍게 화장하더라도
세월을 역류할 수는 없는 법.
이런 점에서 가장 젊은 날인 오늘은
나의 인생에서 가장 소중한 순간이다.
그러므로 후회 없는 오늘을 즐기고,
역동적인 도전에 자신을 내던져라.

용기는 선택받은 존재의 것이 아니라,
현재를 즐기는 사람의 수단일 뿐이므로….

사상마련事上磨鍊 예찬

나는 왕양명의 '사상마련'이 좋다.
호젓한 산속에서 마음이 편한 것이야,
누군들 안 되며, 산짐승인들 못하겠는가.

사상마련이란,
일상의 삶 속에서 마련,
즉 연마한다는 것이다.
자기완성의 수행과 공부가
따로 있는 것이 아니라,
그저 일상의 현실 속에 있다는 것이다.
이것을 '실학'을 넘어선 경지의
'사학事學'이라고 한다.

사상마련을 불교식으로 말하면
'입전수수入纏垂手'와 유사하다.
입전수수란 시장에 손을 드리우는 것,
즉 삶을 타고 가는 수행을 의미한다.
그러나 사상마련은 입전수수보다
더 생계형이다.

입전수수가
벌이 꽃에서 꿀을 취하는 것이라면,
사상마련은 참깨를 기계에 넣고 으깨서
참기름을 뽑는 것에 비유할 수 있다.
사상마련에는 더 치열한
열정의 꿈틀거림이 있는 것이다.

사상마련의 세계 속에서 살고 싶지 않는가?
그곳은 신도 감히 끼어들지 못하고,
죽음조차도 묻을 수 없는
처절한 극기의 투쟁인 동시에,
매순간 삶이 완성되는
순간적인 단막극의 세상이다.

삶은 투쟁이다

삶은 투쟁이다.
누구에 대한 투쟁이 아니라,
나의, 나에 대한 투쟁이다.
투쟁에 목적이 따로 있다면,
이미 진정한 전사는 아니다.

나의 투쟁은 좌시할 수 없는
나의 실존에 대한 떨침이다.
진정한 투쟁은 수단이 아니라,
그 자체가 목적인
존재의 투영이기 때문이다.

현실을 떨치고 일어나라

누구에게나 아픔은 있다.
혼자 사는 세상도 아닌데,
충돌 없는 인생이 어디 있겠는가!
그러나 자신에 대한 사랑과
현실에 대한 직시를 통할 때,
아픔은 동시에 성장통이 된다.
현실을 떨치고 일어나려는
목적에 대한 강력한 주시가,
오늘의 좌절을 딛고서
내일의 나를 재창조하는 것이므로….

자유라는 이름의 화두

깨침이란,
진정한 자유에 대한 추구이다.
수행자는
나의, 나에 대한 지난한 투쟁 끝에
그 누구도 범접할 수 없는
고요한 평안의 대자유를 증득한다.
이것은 모든 유기체의 궁극적 소망이며,
일체 영성의 본질적 화두이다.

타협하지 않고
스스로를 이기는 사람

이 세상에서 가장 힘든 것은
나이 듦과 게으름이다.
이것이 모든 타협과
악덕을 파생하기 때문이다.
해서 우리는 나이 들수록
더욱 치열한 나의, 나에 대한 투쟁에
돌입해야만 한다.
그것이 제아무리 치열해
온몸이 타들어 가는 고통이 따를지라도….

공부인에게

그대, 공부인이여!
모든 존재에서 파생하는 기대를 버리고,
오직 앞만 보며 나아가라.

진정한 공부란,
그 어떤 대가나 주어짐을 바라지 않는 것.
오직 공부만이 목적이 될 뿐이니,
주변을 돌아보지 말고
오로지 앞만 보고 질주하라.

지평선에 해가 기울면
모든 존재는 본래 고요해지는 법.
얻음에서 배우려 하지 말고
놓아 버림에서 소요함을 알지어다.

그 어떤 것에도 의지하지 않은 채
오직 나만 보고 나아갈 때,
평안의 바람은 내면에서 불어오고
참다운 고요는 나에게서 성취될 것이다.

더 늦기 전에 깨어나라

조금이라도
더 늦기 전에 행동해라.
후회의 빚이 고이지 않도록
언제나 조심해서 살피며,
최대한 신속하게 움직여라.

뒤를 돌아보지 않는 삶에는
죽음의 그림자가 맺히지 못하는 법.
사신死神이 쫓지 못하는 곳으로
빠르고 신속하게 전진하라.
그 끝에 너의 본질이 있음이니,
너는 고향을 떠났다가
비로소 금의환향하는 자가 되리라.

찬연한 빛 속에서
졸음 겨운 나그네의 발걸음은
순간의 영원으로 맺어지리니….

진정한 평안이 깃드는 곳

모든 시끄러움을 넘어
고요한 평안이
존재하는 것은 아니다.
시끄러움을 관통하며,
강하게 충돌하는 곳.
바로 거기에 고요가 있다.
마치 태풍의 한가운데,
눈 속에는 맑음이 있듯이.

평안은 한가하지 않다

한가한 평안을 바라지 말고,
언제나 노력함 속에서
평안 얻기를 구할지어다.

스스로를 이기지 못하는 사람은
결코 남을 이길 수 없나니,
나와 타협하지 않는
올곧은 길로만 나아가라.

무엇을 성취하려는 인내는
그저 촌스러움일 뿐이니,
인생에는 적금이 있지만
우리의 행복에는 적금 같은
결과는 존재하지 않는다.

장부의 기개는 꺾이지 않는다

그대여!
힘으로 굴복시킬 수는 있어도
장부의 기개는 꺾이지 않고,
맑은 물, 탁류가 되어도
서쪽으로 흐르는 것은 바뀌지 않네.

뜻을 떨치면 천지와 함께하고
고요히 생각을 모으면
만 가지 이치도 오직 한 빛일 뿐이다.

애닯다 탓하지 말라!
내일 출발해서
오늘 도착하는 이치가 있나니,
묵연히 계합하면
어제의 내가 오늘의 나인 것을….

강물은 쉬지 않는다

쉼은 죽음일 뿐이다.
우주의 운행은 쉼이 없으므로
변화의 아름다움을 온축하며,
강물은 쉬지 않으므로
지금도 강이라 불린다.

하여 붓다는 최후의 유언에서
쉼 없는 노력을 강조했고,
공자는 무덤을 가리키며
저곳이 쉴 곳이라고 한 것이다.

나이를 핑계 대며
나이 뒤에 숨지 말고,
자신을 직시하며
전진하고 돌파하라.
부서지는 삶 속에
진정한 행복이 고이나니,
피할 것은 오직
잠시 편안한 오랜 슬픔뿐이다.

젊음의 희생

우리는
젊음을 소모하고 있는 것이 아닌가?
노년의 안정을 위해
오늘의 젊음을 희생하는 것은
금을 동으로 바꾸는 어리석음이다.

오늘은 우리가 사는 가장 젊은 날.
그러므로 내일을 위해
오늘을 희생하지 말고,
최선의 후회 없는 선택으로
현재의 나를 즐겨라.

당신은 당신의 젊음을
허비하고 있는 게 아닌지,
통렬히 반성해 보아야만 한다.

그리고 지금이라도
최단 거리의 행복으로
나아가야만 한다.

변화를 관조하며

찬바람이 잦아드나 싶더니,
더위가 밀려온다.
세월이 감을 느끼고 싶다면,
적금을 가입해야겠다.
이렇게라도
시간을 각성하지 않는다면,
둔감하게 서러우리라.

오늘을 각성해서
내일을 맞는다면,
매일매일이 적금의 만기일이리라.
그러나 그렇지 못하다면,
적금의 횟수로
세월을 요량해 보리라.
그리고 쉬이감을 반성하리라.

바랑에 짊어진 어느 수행자의 독백

가을

산이 깊으면 물은 유장하고,

무더위가 깊어진 곳에는 찬 바람이 이는 법.

가을의 초 녁, 숲 바람은 참참한데,

하얀 구름만이 높푸른 하늘을 수놓는구나.

죽어도 죽지 않는 사람

오늘의 걸음 속에 길이 있는 법.
두렵더라도 피하지 말라.
오직 정면을 주시한 채 앞으로 나아가라.

죽어도 죽지 않는 사람이 나를 부른다.
모든 바람이 잠든 고요의 언덕에서 낮은
시선으로 긴 여운을 즐기는 행복.
생각의 지평선에 태양이 떠오를 때,
죽지 않는 사람이 나를 향해 손짓한다.

죽어도 죽지 않는 사람이 있다.
지혜의 옛길을 따라 죽지 않는 사람을 만나면,
비로소 대자유를 얻게 되리라.
해탈의 그림자 속에 잠긴 미소가
우리의 자화상임을 알게 된다면
그 어떤 속박도 더는 의미가 없다.
죽어도 죽지 않는 사람이 될 때,
나를 여기에 부른 사람도
나였음을 알게 되므로….

너는 이미 충분히 아름답다

이 세상 어느 누구도
무의미한 인생을 살진 않는다.
단지 삶의 선상에 찍는
방점의 위치가 다를 뿐이다.

그러므로 누군가의 의미는
다른 누군가에게 무의미가 될 수 있으나,
이 세상에 소수의 의미가 있을지언정
무의미란 존재하지 않는다.

우리 인생은 이미 충만하게 아름다우며
소중한 가치임을 자각하라.
빛은 밖에서 들어오는 것이 아니라,
안에서 뿜어져 나오는 것임을 알지어다.

스스로를 소중히 여기지 않는 삶은
타인에게도 존중받지 못한다.
내가 등진 것을 봐주는 이는 없는 법.
언제나 정면을 주시하며,
오늘의 삶을
후회 없는 열정으로 완성할지어다.

어른의 무게

나이 먹었다고 어른은 아니다.
때로 나이란,
'쓸모없음'에 대한 표상이자
'슬픔'에 대한 변증일 뿐이다.

약자弱子로서의 권리보다는
현자賢者로서의 배려가 있을 때
진정한 어른이 된다.

어른이 되기 위한 시험은 없다.
그러므로
어른이 된다고 명예가 주어지는 것은 아니다.
어른이 명예로울 수 있는 것은
전적으로 행동에 의해서 결정될 뿐이다.

어른으로서의 명예로움은 스스로가
해결해 나가야 할 과제인 것이다.

오늘의 기도

오늘 하루,
그 누구도 힘들지 않은
평안한 일상이 되기를….

잔잔한 안온 속에서도
여유로운 미소를 머금는
그런 행복의 나날이 되기를….

넘치지 않으면서도 더러움과 흠결 없는,
너그러운 따스함이 되기를….

나의 작은 바람과 실천이 당신에게 맺혀
우리 함께 화평和平한 하루 안에 깨어나기를….

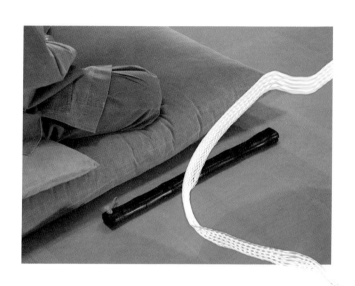

만족스러운 인생

혼자 있어도 외로움에 이르지 않고,
여럿이 함께해도 번잡함을 넘어서지 않는 삶.
이것이 바로 나에게 만족하는 인생이다.

광야로 치닫는 나를 거두어
고요한 화평 속에 던져 놓아라.
물고기는 물을 벗어나지 않아야 아름답고,
새는 구름을 머금고 활강할 때
가장 빛이나므로.

위로받지 못하는 시대

우리는 모두
아픔의 시대를 헤쳐가는 불안정한 존재들이다.
이 시대의 삶 속에서
서로를 보듬어 주는 노력은
누구를 위한 것이 아닌
나 자신을 사랑하는 몸짓이다.

눈물 훔칠 겨를도 없이
앞만 보고 질주해야 하는 우리는
위로받지 못하는 시대를 산다.

나도, 그 누구도 아닌
우리들의 슬픈 자화상 위로
오늘도 뉘엿뉘엿 해그림자는
길고 긴 여운 속에 기울어 간다.

생사를 넘어선 떳떳함

해질녘 긴 석장을 끌고
붉은 노을 속을 짚어 가는 수행자.
무슨 생각이 저리도 깊어
묵연히 걷고 또 걷기만 하는가.
금생에 결단하지 않으면
다음을 기약할 수 없는 일이 있나니,
부지런히 해그림자 따라서 가고 또 간다.

산이 푸르름으로 울부짖고,
강이 흰 물거품으로 흐느낄 때,
애달픈 영혼은 비로소 휴식을 얻는다.
고뇌가 없다면 벗어남도 없는 것,
강력하게 관통해서 영원히 탈각하여라.
깨달음을 버리면 깨달을 것도 없나니,
나침반은 언제나 정남을 가리킨다네.

산정山頂 단상

안개 그윽한 산 정상에서
보이지 않는 천하를 굽어본다.
소리쳐도 답하는 이 없건마는
맑은 바람은 나를 향해 달려온다.
뜻이 높으면 존재는 고요하나니,
스스로 굳지 못함이 부끄러울 뿐이다.

타클라마칸으로 간다

세상에서 가장 어려운 것은
나에 대한 나의 투쟁이다.
잠 속에서도 피할 수 없는
거울 속의 고통을 사람들은 알까?

고통을 아는 사람은 그것을 즐기지만,
아픔을 느끼지 못하는 것은 아니다.

나는 오늘도 내 앞에 서기 위해
오아시스 없는 죽음의 땅, 타클라마칸으로 간다.

슬픔에 자리를 내주라

슬픈 날에는 슬픔을 즐겨 보라.
언제 슬픔에 자리를 선뜻
내어준 적이 있느냐?
그것이 슬픔에 시달리는 진정한
이유일 수 있음을 자각하라.

싫은 상대라도 상대임을 인정하고
먼저 그를 위한 자리를 내주어 보라.
그것은 타협이 아닌
나의 존엄을 확보하는 현명함이다.
서로에게 예의를 갖추는 적은
무례한 동료보다 덜 위험한 법이므로….

강

강은 실선에서 시작되어
장대한 바다에 이른다.
작은 물이 바다가 되는 것은 낮고 멀리,
그리고 그침 없이 흐르기 때문이다.

방향도, 선택도 없다.
그저 부단한 노력만 있을 뿐이다.
모든 깊이 있는 가치는
사실 이렇게 이루어진다.
그리고 또 이렇게 마쳐진다.

질그릇의 삶

내가 행복하려는 생각이
이기심을 낳고, 사회와 충돌하며,
내가 현재에서
만족을 얻지 못하게 하는 것은 아닐까?

행복하려는 생각을 한 번쯤
버려 보면 어떨까?
도자기의 삶이 다르고,
질그릇의 삶이 다르지만,
결국은 같은 진흙의 변형이 아닌가!
그래서 이들은 결국 흙으로 되돌아갈 뿐이다.

질그릇이 도자기를 바란다고
될 것이 아니라면,
질그릇의 삶에 충실해 보는 것은 어떨까?
어차피 질그릇의 삶도
도자기와 똑같이 존엄한,
다시 오지 않을 존엄한 인생이므로….

언제나 새로움을 입어라

나는 무엇이든 새것이 좋다.
다만 문제는 정작 나 자신이
새롭지 못하다는 것.
모든 것을 새것으로 바꿀 수 있어도
나는 그 속에서 계속 삭아갈 뿐이다.

옛사람들의 이러한 고민이,
허물을 벗고 새로움을 얻는
뱀의 숭배를 만들었다.
또 여신 헤라는
매일매일 처녀라는 새로움을 입는다.

하지만 나의 육체는 그럴 수 없으니,
『대학』 탕임금 「반명盤銘」의
'구일신苟日新 일일신日日新 우일신又日新',
매일의 새로움을 정신에 부여할 수밖에.
이렇게 나는 나를 부둥켜안고,
세월을 넘어서는 의식비판에 잠겨 본다.

잔잔한 성찰

선생은 꼭 성인聖人일 필요는 없다.
경전에만 꼭 가르침이 있는 것도 아니다.
깨어나려는 생각만 있다면,
나는 지금도 충분히 가지고 있다.
그러나 각성하려는 생각이 없다면,
우주를 가져도 성찰은 요원할 것이다.

현상을 넘어선 고요

존재의 무너짐은 언제나 슬프다.
그러나 변화 그 자체는 슬픈 현상이 아니다.
즉 중립인 셈이다.
해서 우리는
무너짐이 아닌 변화에 집중해야 한다.
그렇게 되면 변화는 존재하지만
슬픔은 사라지기 때문이다.

안개 속의 실존

안개를 거닐면서,
우리는 인간의 실존을 본다.
분명하지 않은 모호함 속 신비한 자취.
이것은 삶의 또 다른 군상이 아닐까?
그렇게 판도라의 상자에 남은
가녀린 희망을 좇아
오늘의 존재를 이어간다.
태양이 떠오르면 끝나고 마는
가설적인 공간 속에서.

깨달음이라는 이름의 허상

깨달음을 얻으려는 것은 망상이고,
깨달음이 있다고 생각하는 것은 독단이다.
깨달음에 대한 추구를 버릴 때,
무지개 같은 허상과
신기루 같은 불꽃은 꺼지리라.

놓아 버릴 때 완성되는 것

진정한 소중함이란,
잃을 때 느끼는 것인가,
얻을 때 가지는 것인가?

문득 '열심'이라는 단어에
고개를 묻고 있다가 불현듯 머리를 들어 보면,
아득한 세월 속에 희미한
오로라 빛이 서린 모습이 아른거린다.

때로 오만하고, 때로 방종했던 과거들….
그러나 진정한 삶의 가치는
뚜렷한 흔적 남기기가 아닌,
존재를 지우는
수렴을 통해서만 이루어진다.

그러므로 크게 얻은 것은
놓아 버릴 때라야 비로소 완성되는 것.
부디 존재를 자각하여
바람처럼 자유로운 영혼 속
해탈의 빛으로 깊이 소요하기를….

낭만에도 그림자는 맺힌다

아득히 사라지는 잔상은
세상을 흐릿하게 물들이곤 한다.
지쳐서 깊은 한숨 속에 돌린 고개는
삶의 무게가 서린 어깨 위로
멀어지는 사람들을 내비춘다.

낭만에도 그림자는 맺히는 법.
모든 유기체에는
이유를 넘어선 근원의 슬픔이 있나니,
그것은 생의 속박, 일상의 황혼이다.

우리는 속박을 넘어서는
영원의 행복을 꿈꾸지만,
꿈은 그저 또 다른 꿈으로 연결되어
끝없는 기나긴 강이 되어 흐를 뿐이다.

진정한 고요

뜻이 높으면
존재는 언제나 고요한 것.
구름 위의 인공위성에게
태풍은 위험이 아닌 볼거리일 뿐.

하루는 시끄러워도
높이 나는 새는
언제나 스스로를 즐기며,
고요를 관조한다.

장부가 높은 곳에 눈을 맞추면
자잘한 번뇌가 옷깃을 잡아끌지 못하듯.

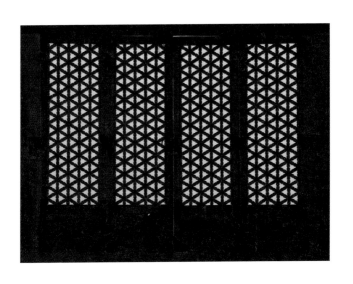

초가을 단상

남녘에서 큰바람이 일렁이니,
북녘의 산빛은 더욱 푸르기만 하다.
하늘과 바다는
색이 없어 푸르러 보이는 것이나,
나무와 숲은 녹빛을 머금어 푸르다.
누가 바람에 떨어지는
녹빛 낙엽의 슬픔을 알겠는가?
때 이른 낙엽은 땅 위에서도 푸르름을….

존재의 이유

모든 인간은 행복을 향해 질주한다.
그리고 우리 모두는 죽음 속에서
하나가 된다.
그렇다면 죽음이야말로 유기체에
내재한 평등이 아닐까?

잠을 자는 것을 승화시켜 명상으로 각성하고,
죽음을 변화시켜 존재로서 깨어난다.
그 너머에 인간의 실존이 있는지는
모르겠다만,
이미 이러한 노력만으로도
삶과 존재의 이유는 충분히 확보된다.

언제나 새로 거듭남

지난 옛일을 기억하지만
흘러감은 다시 오지 않나니,
순수는 물결쳐 밀려 가고
파도의 상흔만이 남았구나.

떨치고 나아가려 하나
옷소매가 걸리고,
앉아서 사유하려 하나
눈에 밟히는 군상이 많다.

맑은 물에 씻고서
거듭남을 희구함에,
뼛속까지 씻고 또 씻어 본다.
깨끗함만 성취된다면,
골수인들 어찌 아까움이 있으리요.

진리의 패러독스

진리는 존재하는 것이 아니라
사라질 수 없는 것이며,
증득하는 것이 아니라
여읠 수 없는 것일 뿐이다.
그러므로 추구되는 모든 진리는
허상일 뿐이며,
실상의 그림자에 지나지 않는다.
그러나 그 그림자 역시
진리를 여의고
존재하는 것이 아니다.
바로 이 점이 중요하다.

게으름이라는 미덕

부지런함이 미덕이라는
부질없는 생각을 버려라.
부지런히 흐르는 물은
빠르게 바다로 흘러가
자신을 잃고 사라지게 된다.

때론 자신을 위해서 게으르라.
느긋하게 주변을 살피고,
자신을 보면서 뒹굴어 보라.
게으름의 멋과 맛을 자각한다면,
이미 절반은 이루어진 것.
느린 소요함을 즐길 수만 있다면
붓다가 되는 것조차도
그저 귀찮은 일일 뿐….

애씀 없는 관조

언제나 평안하고 유연하게 진리를 관조하라.
그 속에 진정한 자유가 있나니,
속박 없는 여유에서 영원을 소요하라.

진리는 성취되는 것이 아니라,
다만 여의지 않는 것임을 자각하라.
깨침 역시 구해지는 것이 아니라
버려지지 않는 것일 뿐이나니,
애써 노력하지도 구하지도 말라.

그저 존재의 숨결을 느끼며 게으르게 살아가면,
이미 그것으로 모든 일은 끝이 난 것.
가만히 존재로서 안식하고,
언제나 평화 속에서 여유로워라.

글을 쓴다는 것

글을 쓸 수 있다는 것만큼
즐거운 일도 없다.
글에는
감정을 정화하는 측면이 존재하기 때문이다.
자신의 뜻을 문자화하고,
절제된 타자로 승화시키는 것.
이것이 바로 글의 매력이다.

『논어』「태백편」에서 공자는
"시를 통해 감정이 일어난다"고 하였으니
제법 맞춤한 말이다.
글로 정리하지 않으면
감정은 조리를 얻지 못하며,
말로 하지 않으면 뜻은 상대에게 전달되지 않는다.
그러므로 나를 위해서는
글을 씀이 좋은 것이다.

삶과 죽음의 변주

삶의 너머에
죽음이 있는 것이 아니라,
죽음의 그림자에
삶이 고여 있을 뿐이다.

우주의 본질은
삶이 아니라 죽음이다.
해서 변화는
죽음에서 시작해
삶으로 간다.
그리고 다시금
죽음으로 끝이 난다.

그런 사람이 되고 싶다

가까울수록 더욱 높고
멀어지면 간절해지는 사람.
그런 사람이 되고 싶다.

타인에게는 온화하고
자신에게는 엄격하며
앞만 보고 질주하는 사람.
그런 사람이 되고 싶다.

혼자 있어도 외롭지 않고
같이 있으면 화락한 사람.
진리의 숨결을 느끼며
영원한 자유 속을 소요하는 사람.
그런 진정한 참사람으로
그림자 없이 사라지고 싶다.

비 온 뒤 가을바람

비 온 뒤 바람 빛이 곱다.

가을바람이
아직 푸르른 가을 숲을 지나면,
매혹적인 청신한 옷을 입게 된다.
누구라도 한 번 마주하면,
깊은 매력에 잠기고 마는
맑고 높은 기상의 상쾌함.
그 치명적인 유혹을 안고
가을바람은 산천을 내달린다.

비 온 뒤 숲속은
깊숙한 태곳적 신비를 뿜어낸다.
원숙한 용의 숨결 같은
몽환적인 신비 속에서,
우리는 존재 이전의 나와
다시금 마주한다.

순간의 생각 속에
모든 시간이 잠기는 찰나의 단상에,
비 개인 숲의 바람이 내게로 온다.

비 온 뒤 바람 빛은 유난히 곱다.
그 고운 기운이 나를 감쌀 때,
내 정신은 비로소 영원으로 휘날린다.

오늘을 달릴 뿐

그날에는 언제나
그날의 일이 있기 마련이다.
그러므로 당겨서 하고 편안하거나
밀어서 한갓 지기를 원하지 마라.

삶이란,
잠과 같은 것이니
미리 몰아 잘 수도 없고
늦춰서 한꺼번에 잘 수도 없다.
지구가 자전하면서
생명을 일궈내는 것처럼,
오늘을 달리고 매일을 살면 된다.
그렇게 꾸준히 현재를 즐기며,
죽음에 이르도록 묵묵히 나아갈 뿐이다.

눈길 따라 문득 산사를 찾은 손님

겨울

겨울이 오면,

길 깊은 산사에는

적막이 고인다.

눈길에 인적이 끊기고

생각은 고요 속에

깊은 자취로 남게 된다.

막힌 길의 끝에

해탈의 자유는 존재하는가?

납자는 오직 찾고 찾을 뿐,

결과의 안식을 구하지 않는 법.

갇힌 세계 속에서도

가고 가고 가는 걸음만은 가법다.

설산 단상

추녀 끝에 걸린 구름이 유난히 귀한 계절.
시간은 이제
또 다른 밤의 터널로 질주한다.
대지가 뽀얀 눈의 빛깔에 물들면
내일의 생명은 묵연히
심연深淵의 사유에 잠겨 본다.

가장된 몸짓

눈 덮인 세상은 아름답다.
흰색의 깨끗함으로 뒤덮여
밝은 빛만을 발하기 때문이다.
하지만 '문제'는
아직 눈 아래 그대로 묻혀 있을 뿐이다.

안개 낀 고요는 몽환적이다.
하지만 해가 뜨고 안개가 걷히면
세상의 산란한 실체는
또다시 깨어나기 마련이다.

출가

출가란
스스로를 덜어내는 작업이다.
마치 나락이 도정되어 백미가 되는 것처럼,
두꺼운 껍질을 벗고
머트러움을 깎아내는 것.
이것이 바로 출가다.

렌즈에 더러움이 묻으면
사진이 밝을 수 없듯,
우리의 마음도 탐욕에 물들면
삶을 투명하게 반조하지 못한다.

출가란
밝은 달이 구름을 벗어나는 것처럼,
그렇게 행복으로 나아가는 여정이다.
행복을 위해서
스스로를 털고 깨끗함을 정조준하는 것.
이것이 바로 대장부의 진정한 출가이다.

순례자

우리는 모두 순례자이다.
목적이 있든 없든
인생이란 길 위를 걸어가는,
우리는 모두 순례자다.

우리의 순례는 멈추지 않는다.
죽음에 닿도록 쉬지 않는다.
기쁨도, 슬픔도, 지친 순례의 일부가 되는,
우리는 영원에 이르는 순례자이다.

말과 소리 사이

경전을 읽지 않는 사람과 대화하는 건,
벽을 마주 대하고 있는 것만 못하다.
벽은 사람을 고요하게 하지만,
경전의 향취가 없는 사람은
상대를 혼란스럽게 하기 때문이다.

붓다는 제자들에게
경전과 진리에 대한 말을 하거나
침묵하라고 가르쳤다.
공자는 말을 하지 않아야 하는 사람과
말을 하는 건
언어에 대한 모독이라고 했다.

말이라고 모두 말은 아니다.
세상의 많은 말은 때로
세상의 많은 소리만 못하다.
누군가 나에게 관심 가져 주기를 바람에 앞서
내가 관심받을 대상이 되는지,
내가 말할 가치가 있는 사람인지에 대해
깊이 생각해 볼 일이다.

의미 있는 삶

내가 무언가에 영향을 주는 것만큼,
나 또한 같은 힘의 영향을 받는다.
이렇게 모든 변화는
동시에 이루어지는 것,
홀로 있을 수는 없다.

서로 더불어 있으며,
서로가 서로에게 의미가 되는 것.
이것이 바로 변화라는 존재의 흐름이다.

당신은 지금 누군가에게
어떤 의미가 되고 있는가?
그리고 어떠한 의미로 남고 있는가?

언제나 나로서 자존하는 나

위로받으려는 마음이
수렁에 빠트려 더욱 힘들게 한다.

존중받으려는 자세가
더욱 나약하고 병들게 한다.

우리는 누구를 위해서도,
누구에 의해서도 존재하지 않는다.

우리는 나로서 자존하며,
존재로서 고요할 뿐이다.

소박한 주인공

나는 우주의 중심에 서 있지만,
세상은 결코 나를 위해 돌지 않는다.
이것만 이해할 수 있다면,
나와 세상의 충돌은 존재할 수 없다.

자기를 이기는 극복의 삶

인생을 사는 데 있어서 중요한 것은
어떻게 보느냐와 어떻게 묻느냐이다.

'새로운 관점'을 통해서 우리는
고착화되지 않은 환기되는 '나'와
전체 속에서도 굴하지 않는 '나'를
확보하게 된다.
또 '끊임없는 왜'를 통해서
정당한 방향의 문제와
실천의 목적을 시사받아 볼 수 있다.

변화 위를 거닐다

나이 듦에는 때로
감당하기 힘든 슬픔이 있다.
봄빛을 시샘하는 찬 서리가
어찌 자연에만 있으랴?
뜻이 꺾이고 말이 끊기는 일은
우리네 인생에도 있는 법.

묵연히 세월에 씻기기만 바라며,
푸른 하늘의 하얀 구름을 본다.
구름은 자유롭지만,
끝내는 흩어져 스러지는 것.
우리는 오늘도 변화를 딛고서,
다른 변화 위를 거닌다.

향 - 소천 김天

하얀 향 재가 향로 위로 떨어진다.
새하얀 연기와 함께
눈 서리처럼 소복이 쌓이는 재.
상승하는 연기가 있으니,
떨어져 스러지는 재도 있는 것.

우리네 인생도
한 번 가면 또 한 번 오는 법.
그렇게 재와 연기는
영원으로 분리되어 이별한다.

'다시 못 오리니 서둘지 마라.'
검은 향은 애써 만류하지만,
남는 재를 생각지 않고
하얀 연기는 거침없이 올라만 간다.

그렇게 향에 붙은 불빛은
소복소복 깊어만 간다.
우리의 인연도 이렇게 간다.

흐름의 방향

젊은이들에게
느린 변화는 답답할 뿐이다.
그러나 노인에게는
이조차 거친 세상 속의 현기증이다.

흐름은 언제나 공평하다.
다만 느낌이 다를 뿐.
우리는 모두 이러한 흐름 속에서,
오늘도 죽음으로 쓸려 가고 있다.

진화의 꽃

단순 진화론 상에서만 본다면,
무능한 이들의 도태야말로
인간 발전을 위해 바람직하다.

그러나 한 번 더 생각해 보면,
그런 도태 구조가 일반화된 동물들이
오히려 인간만 못하다.
즉 인간의 발전은 적자생존이 아닌,
관계와 배려 속에서 이루어진 것이다.
이것이 더 고등한 진화 방식이며,
인간 문명의 원동력이다.

인간의 발전이란,
결코 분절된 개인만일 수 없다.
그렇기 때문에 강자는
자신을 드러내기에 앞서
반드시 약자를 떠올려야만 한다.

공자의 '인仁'을
다산은 『논어고금주』 「학이」에서
'이인상여二人相與'라 해석했다.
즉 두 사람이 서로 함께하는 것이다.
아름답다.
이것이야말로 진정한 인간
진화의 꽃이기 때문이다.

겨울 산사

찬 설이 와도
기개는 더욱 푸르고,
눈이 덮여도
꽃은 얼지 않는다.
굳이 내일을 기약하지 말지라,
겨울 새는
놀라는 법이 없나니….

공부인의 자세

오래도록 공부하는 사람들을 보면,
머리 좋은 사람은 별로 없는 것 같다.
공부란 마라톤과 같아서
꾸준하고 항상한 것이기 때문이다.

머리 좋은 사람들은
100미터 달리기 선수와 같아
쉽게 솟구치지만 곧 잠잠해지며
인고를 이겨내지 못한다.
그러나 머리가 좋지 않은 사람들은
자신이 부족하다고 생각하기 때문에
계속해서 부단한 노력을 경주한다.

책이란 게,
한 번 봐도 돌아서면 잊어버리는 것이
다반사다.
이때 짜증 내지 않고
겸허한 자세로 다시 뒤적일 수 있는 것,
이것이 바로 공부인의 참자세다.

공부는 머리로만 하는 게 아니라
은근과 끈기로
자신의 부족함을 메우는 것이다.

이런 점에서
우리 모두는 공부인이 될 수 있다.
비록 느리더라도
한 걸음 나아가면 한 걸음 단축되고,
두 걸음 전진하면
두 걸음 단축되는 것이
세상의 이치이기 때문이다.

죽음을 넘어선 낭만

삶은 언젠가 죽음이 되지만,
죽음은 죽음을 넘어서면
그 자체로 존재의 예술이 된다.
사고의 지평을 넘어선 곳에서
우리가 마주치는 실존의 문제.
그 속에 영원히 무너지지 않는
진정한 부동不動의 낭만이 있다.
화려하지 않고 은은한,
고요하기만 한 빛의 향연,
평화로운 광막의 푸른 초원은
그렇게 끝 모를 하늘과 맞닿아 있다.

넘어서려는 생각의 속박

새는 울음소리 때문에 잡혀 죽고,
사람은 명예를 다투다 저승을 넘게 된다.

강동 보병 장한은 전란의 기미가 있자,
모든 것을 등지고 서둘러 고향으로 돌아가
한 잔 술로 세상의 시름을 잊었다.
항우는 강남의 배를 거부하고
분연히 떨치다 자결했는데,
당나라 사람들은 장한을 달생達生이라 높이고
항우의 만용은 꾸짖었다.
무엇이 옳고, 무엇이 그른가?

바람을 타고 나는 열어구列子는
다른 사람의 평가에 흔들리지 않았지만,
세상은 물이 고요하도록 내버려 두지 않는 법.
바람을 타는 것도 흔들림에 자신을
맡기는 것일진대,
무엇을 넘어섰다 말할 수 있으리오.

대설을 바라보며

잔잔히 그침 없는 날림이
어느덧 신발을 묻고 있다.
노력도 이와 같아야
무언가를 이루고
스스로를 바꾸어 갈 수 있는 법이다.
1만 시간의 법칙이란 게
유행한 적이 있다.
쌓이는 눈은 그 법칙을 상기시킨다.

물론 저렇게 종일을 쌓인 것도
한 번의 비질로 산산이 사라지는 것이련만,
그래도 그 쌓인 노력 자체야
어찌 헛됨이 있겠는가.

눈발 사이로

하늘에서 나리는 눈처럼
좋은 것도 없다.

눈은 더럽고 깨끗함을 가리지 않고
만물을 공평하게 덮어 준다.
눈은 모든 색을 하나로 단일화한다.
이런 점에서 눈은 평등의 상징이자,
현상의 비극을 넘어서는 지평이라고 이를 만하다.

찰나의 걸음을 밟으며

천년의 영감 속에서
사신의 칼날을 마주한 채,
오늘도 하루를 맞고 있다.

순간의 변화를 놓치면
일생의 패업은 허사가 되나니,
미세함도 결코 소홀해선 안 된다.

지평선이 끝나는 곳에
원형의 무지개가 있나니,
오직 가고 가면서 사색할 뿐이다.

죽음의 그림자는
영원의 움직임 속에는 맺히지 않나니,
오직 살기 위해 걸음을 내딛는다.
결과를 목적으로 하지 않는
존재의 찰나적인 걸음을….

진리가 나를 따르게 하라

진리는 추구하는 것이 아니라,
그것이 나를 따르게 하는 것이다.
좇음은 언제나 허덕임이나니,
따르지 말고 따르게 하라.

너를 자유롭게 하는 것은
진리가 아닌 너 자신임을 명심하라.
그렇게 너는
너만의 멋스러움 속에서
진리와 하나가 되리라.
만일 너를 잃어버린다면
진리도 너를 등질 것이니,
네가 중요하고 진리는 언제나 차선일 뿐이다.

이것이 붓다가,
법등명 자등명이라고 하지 않고,
자등명 법등명이라고 하신 연고다.

변화를 타고 천지를 주유하라

앎이 깊으면
일상은 평안하고,
뜻이 높으면
존재는 고요하다.

쉽게 휘둘리는 것은
굳세지 않기 때문이며,
굳세지 않은 것은
유연하지 않기 때문이다.

변화를 타고
천지를 주유함은
태어나기 전에
이미 죽음을 엿본 연고이다.

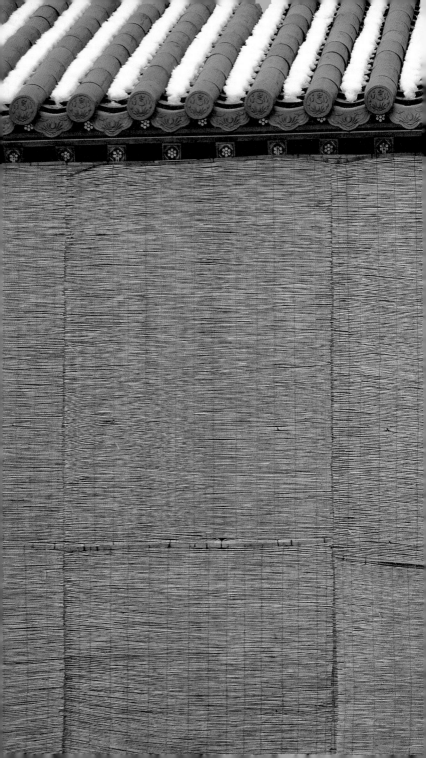

놓음의 행복

쥐는 것도 어렵지만
놓는 것은 더욱 어렵다.
어미새는 제 새끼를 지극정성 양육하지만,
떠나 보낼 때는 냉정하기 그지없다.
이렇게 놓고 본다면,
때로 우리는 새만도 못한 것이다.

혈육도 놓아야 할 때가 있는데,
혈육 아닌 것이야 더 말해 무엇 하겠는가?
더 나아가 나이 들면,
내 몸도 놓아야 하고 정신도 놓아줘야만 한다.
원하든, 원하지 않든
필경 그렇게 되고 마는 것이니,
현명한 이는 권주를 마실지언정
벌주를 마시지 않는다.

그러나 보통 사람들은
놓아야 할 때 더욱 틀어쥐고
죽음이 닥쳐서야 서글피 운다.

예전에는 일찍 죽으니
쥐는 것이 더 중요했지만,
아흔을 사는 오늘날에는
놓는 것이 더 필요하다.
성취의 기간보다도
놓는 노년이 더 길기 때문이다.

놓는 것을 배우지 않으면
처절한 고통 속에서
마침내 섧게 죽으리라.

낭만적인 삶의 여운

그대여!
운치 있게 놓는 삶을 살자.
힘껏 쥐어 봤다면,
이제는 멋있게 놓아 보자.
회향의 마음으로
걸어온 길을 반조하며,
쥔 손을 활짝 펴라.
그때 하늘이 네게로 온다.

손가락 사이로
청신한 바람의 흐름을 느낄 때,
너는 이제 하늘을 쥐게 되리라.
영원히 놓치지 않는
대자유의 웅건하고 떳떳한 기운을.

불일치를 받아들여라

우리는 언제나 현실을 살면서
이상을 희구한다.
이러한 현실과 이상의 사이에서
아편에 취한 듯 행복하고,
또 때론 좌절한다.

그러므로
이상과 현실을 일치시키려 하지 말고
이상은 이상으로,
현실은 현실로 받아들여라.
발이 눈을 부러워하면 피곤하고,
눈이 발을 탓하면 매사 서글퍼지므로.